기도자

도서출판 말씀과만남은 그리스도인들과 세상 모든 사람들이
하나님의 말씀과 만나 그 생각이 새로워지고 그 삶이 풍성해지도록 돕고 있습니다.

The Malsseum & Mannam Publishing House is helping Christians and men in the
world to meet with God's Word so that they may have their spirits renewed and
have an abundant life.

Prayerman

기 도 자

김 요 셉

1판 1쇄 / 2005. 05. 10

발행처 / 말씀과만남
발행인 / 최 헌 근
등록번호 / 제20-444호
등록일자 / 1991. 6. 19

138-220 서울특별시 송파구 잠실동 339-3
Tel : (031)594-6327, Fax : (031) 594-6328
전자우편 : mmpress@hanmail.net

ISBN 89-7508-155-9 (03230)

정가 : 6,000원
잘못된 책은 바꾸어 드립니다.

기도자

김 요 섭 지음

말씀과만남

Prayerman

Prayerman

by

yo sep Kim

추 천 사

이상규 (고신대 신학과 교수)

이번에 김요섭 목사님이 기도자라는 책을 출판하게 된 것을 축하합니다. 기도에 관한 책은 이미 수십권, 수백권이 출판되었는데, 또 다른 기도에 관한 책이 필요한가하는 의문을 가지게 되지만, 나는 이 책을 보고 그럼에도 불구하고, 이 책이 필요하다는 생각을 했습니다.

기도가 무엇이며, 왜 기도해야 하며, 기도가 어떻게 하나님의 보좌를 움직이는 가를 간명하게 기술함으로서 이 책은 우리에게 기도를 가르칠뿐만 아니라 기도하도록 강권하는 힘이 있습니다.

저자인 김요섭 목사님은 한국교회 현실에서 기도만이 모든 문제의 해결책이며, 한국교회의 부흥과 갱신을 가져올 수 있는 유일한 원천이라는 확신에서 이 책을 집필

했고, 이 책이 오늘 우리 주변에 스며든 영적 퇴락을 물리치고 영적 해갈을 가져올 수 있다는 확신에서 이 책을 기술했습니다. 저자는 기도는 모든 리더십의 기초라고 말합니다. 이 점은 성경과 교회사가 보여주는 중요한 가르침이기도 합니다. 사도행전의 역사는 한 기도회에서 시작되었고, 기도는 역사를 움직이는 힘이었습니다. 교회사에 나타나는 영적 지도자들에게 나타나는 가장 현저한 특징은 저들은 기도의 사람이었다는 점입니다. 기도야 말로 오늘 우리의 잠든 영혼을 흔들어 깨우는 힘이자, 우리를 위해 예비하신 능력을 받는 수단이기도 합니다. 이런 점에서 저자는 기도를 보물창고라고 말합니다.

이 책은 기도가 무엇인가를 말할 뿐 아니라 우리의 실제 삶에서 기도하지 않으면 안되는 기도하는 사람의 길을 제시합니다. 오늘 우리 앞에 노출된 세속주의, 형식주의, 무질서와 음란, 우리의 영혼을 오도하는 거짓된 가르침 앞에서 우리에게 기도하는 삶의 길을 제시합니

다. 호주의 유명한 전기작가인 라일(J. C. Ryle)의 경구는 오늘 우리에게 죄의 파괴력과 기도의 힘을 확인시켜 줍니다. 그는 "죄는 기도를 죽이고, 기도는 죄를 죽인다"고 했습니다. 기도는 성령의 임재를 경험하게 하며 날마다 성화의 삶을 가능하게 하지만 죄는 우리의 영혼을 병들게 하고 기도를 무력화시킵니다. 오늘 나의 현실이 어떠한가를 깊이 알면 알수록 기도의 무장이 얼마나 긴요한 요청인가를 깨닫게 합니다. 이런 점에서 이 책은 오늘을 사는 그리스도인들에게 교훈과 경고를 주는 살아있는 메세지라고 생각합니다. 이 책이 읽혀지고, 기도하는 사람들이 이 강산과 대지에 영적 해갈을 가져오고, 드디어는 우리가 꿈꾸는 1907년과 같은 대 부흥을 가져오는 역사가 일어나기를 기대해 봅니다.

Prayerman

노윤식 (성결대 선교학과 교수)

절대 기도의 저자 김요셉 목사가 기도에 대한 깊은 단상을 한 권의 책으로 묶어 출간하였다. 이 책은 기도에 대한 다양한 사람들의 신학적 견해와 실제적 예화를 소개하고 있다. 저자는 성경적 근거를 가지고 기도의 방법과 실천을 독자들에게 권고하고 있다. 이 책은 기도의 중요성과 그 효과를 바로 깨닫게 하며, 기도를 실천할 수 있도록 돕는 귀한 안내서이다.

한국의 크리스천들에게 일독을 권한다.

Prayerman

머 리 말

기도자는 절대기도의 보완적인 성격으로 절대기도에서 다룬 내용들이 더 깊은 스펙트럼으로 기도자에서 다루어졌다 해도 과언이 아닐 것입니다. 절대기도를 읽으시면서 기도자도 함께 읽으시면 많은 부분에서 기도에 관한 깊은 스펙트럼과 만날 수 있을 것이라고 자신합니다.

기도만큼 아니 기도보다 중요한 것은 없습니다. 절대기도, 기도자, 그리고 이후에 출간될 기도 스펙트럼을 집필하며 절실히 고백하고 싶은 것은 기도보다 중요한 것은 없으며 무릎은 바로 비전이라는 사실입니다.

책의 제목을 기도자라 정한 이유는 단순히 기도에 대

한 중요성을 "기도를 많이 해야 한다" "하나님은 우리의 기도에 응답하신다"라는 식의 습관적으로 고백하고 아는 사람이 아닌, 기도의 절대적 중요성을?절실히 깨달은 사람, 믿음은 무릎으로부터만 시작되어진다는 사실을 깨달은 사람만이 진정한 기도의 깊은 스펙트럼을 경험한 자라는 의미에서 위와 같이 책의 제목을 기도자라 정하였습니다.

모든 것은 기도에서 시작됩니다. 믿음은 무릎 꿇음에서 시작됩니다. 무릎 꿇지 않는 사람은 아무것도 할 수 없는 무력한 사람입니다.

기도 안에 모든 것이 있고 기도 안에 해결책(a solution)이 있습니다. 기도가 회복 돼야 모든 것이 회복됩니다. 기도는 너무나 소중하며 중요한 것입니다.

"우리는 기도해야 합니다.

기도하지 않는 모든 이들을 대신해서 기도해야 합니다. 우리는 모두 기도의 전문가가 되어야 합니다."

(마더 테레사)

"기도를 제대로 드리는 법을 배우고 실행에 옮기는 것보다 더 중요한 것은 없다." (앤드류 머레이)

김 요 셉 목사

Prayerman

이 책의 차례

01

기도십(prayership)과 리더십

prayerman

prayerman

　진정한 리더십은 기도십입니다. 리더십이란 다른 사람의 마음을 효율적으로 움직이게 하여 일치와 교감(Consensus)을 이루는 기술입니다.

　허드슨 테일러가 가장 빈번하게 인용했던 말 중 하나는 "사람을 움직이는 것은 하나님을 통해서 '오직 기도로만' 가능하다"입니다.

　우리는 기도로 다른 사람의 마음의 변화를 이끌어 낼수 있으며, 다른 영혼의 심령도 만질 수 있습니다.

　셀 그룹 폭발(도서출판 NCD)이라는 책에서 조엘 코미스키는 기도와 리더십의 상관관계를 이렇게 설명합니다.

　"살아계신 하나님과 가지는 경건의 시간에 셀 리더들은 하나님의 음성을 들으며 그의 인도하심을 받는다. 이

조용한 시간에 그들은 말이 많은 사람들을 어떻게 대하야 하며 기도의 응답을 기다리는 법, 또한 그룹 내의 상처받은 회원들을 어떻게 인도할 것인가를 깨닫는다.

하나님의 인도하심에 따라 행동하는 리더들은 놀라운 의사결정 능력과 지도력을 가지고 있다. 그룹원들은 하나님의 음성을 듣고 방향을 잘 아는 리더에게 반응한다. 하나님은 성공을 가져다주시는 분이다.”

기도하는 리더만이 놀라운 의사결정 능력과 지도력을 가질 수 있습니다. 소그룹 회원들은 하나님의 음성을 듣고 방향을 잘 아는 리더에게 반응합니다.

‘기도는 마음의 벽을 허뭅니다’ 라는 글이 있습니다.

“사람들과의 간격이 느껴질 때가 많습니다. 같이 이야기하고, 인사하지만 뭔가 벽이 느껴집니다. 사람들과의 거리는 물리적인 거리가 아니라 마음의 거리입니다. 영계의 거리가 서로 떨어져 있기 때문입니다.

기도의 영계에서 그를 만나십시오. 그에게 이야기를 하십시오. 현실 세계에서의 이야기는 오해가 생길 수도 있지만 기도 세계 속에서의 대화는 순수한 것입니다.

기도의 세계에서 그를 격려하고 조용히 그의 손을 잡아 주십시오.

머지않아 당신은 그와 함께 조용히 웃을 수 있게 될 것입니다."

캠브리지 대학의 프레이저 왓츠도 말합니다.

"다른 사람의 필요를 위해서 하는 중보기도는 그들과 우리 사이의 관계에도 변화를 가져온다. 예를 들어 다른 사람들 때문에 화가 나거나 속상할 때 그것을 바꾸는 방법으로 그들을 위해 기도하는 것보다 효과적인 방법은 없다."

진정한 리더십은 기도십(prayership)입니다.

prayerman

　"영혼을 구원하는 자는 다른 사람에게 하나님에 관하여 이야기한다. 그리고 기도의 용사는 하나님께 타인에 대하여 말씀드린다."(존 맥스웰)

02

기도는 모든 것입니다

prayerman

모든 것은 기도에서 시작됩니다. 믿음은 무릎 꿇음에서 시작됩니다. 무릎 꿇지 않는 사람은 아무것도 할 수 없는 무력한 사람입니다 기도 안에 모든 것이 있고 기도 안에 해결책(a solution)이 있습니다.

스펄젼 목사는 "기도하지 않고 성공했으면 성공한 그 것 때문에 망한다고 하였습니다. 좋은 것은 다 위로부터만 옵니다. 위로부터의 것은 기도로만 얻어집니다. 따라서 야고보도 좋은 은사와 완전한 선물은 위로부터만 온다고 역설합니다.

"각양 좋은 은사와 온전한 선물이 다 위로부터 빛들의 아버지께로서 내려오나니 그는 변함도 없으시고 회전하는 그림자도 없으시니라" (약 1:17)

기도하는 자는 가장 좋은 것을 얻습니다. 완전한 선물

은 다 위로부터만 오기 때문입니다. 즉 완전한 선물은 바로 기도로부터만 얻어집니다. 그래서 칼빈은 그의 '기도론'에서 이렇게 말합니다.

"우리가 필요로 하는 모든 것을 아시는 하나님께서 우리로 하여금 기도하게 하시는 것은 첫째는 모든 좋은 것이 오직 그분께로부터 온다는 것과 둘째는 우리로 하여금 하나님만을 의뢰하며 살게 하시려 함이다."

다니엘 학습법으로 유명한 김동환 전도사는 이렇게 고백합니다. "저는 다른 것은 잘 못해도 한 가지 잘하는 것이 있습니다. 바로 기도 입니다. 저는 어떤 문제가 닥쳤을 때 제가 무엇을 할 수 있다고 생각하지 않습니다. 살아오면서 내가 무언가를 할 수 있다고 생각했을 때, 자신감에 차 있을 때, 그 문제는 해결되지 못하고 더욱 어려워졌습니다. 하지만 도저히 내 힘으로, 내 능력으로 할 수 없다고 생각한 문제는 처음부터 철저하게 하나님

께 두 손을 들고 매달리며 기도했습니다. 그러면 도저히 감당할 수 없을 것처럼 보이던 문제가 해결되었습니다.

지금 무슨 일이 생기면 다른 사람들의 도움을 빌려보 겠다는 생각은 아예 하지 않습니다. 인간을 의지하여 무 언가를 먼저 해보겠다는 생각은 아예 잊었습니다. 대신 바로 하나님께 가지고 나아가기도 합니다. 공부하다가 갑작스레 문제가 생기면 공부를 잠시 접고 두 손 들고 기도합니다. 걸어갈 때도 갑자기 무슨 문제가 생각나면 그 문제를 놓고 기도합니다.

제가 비록 스물아홉이라는 짧은 인생을 살았지만 여 러 번의 시행착오를 거치면서 뼈저리게 느낀 것이 하나 있습니다. 나의 노력과 나의 힘으로 무언가를 해보려고 했을 때 생기는 참담한 시행착오를 이제부터라도 온전 히 주님께 맡겨보자는 것입니다.

그래서 요즘은 어떤 문제가 생기더라도 당황하지 않

습니다, 재빨리 주님께 아뢰는 일에 힘을 쓰기 때문입니다.”

가장 좋은 해결책은 오직 기도로만 나옵니다. 가장 좋은 것은 기도를 통하여 위로부터 옵니다.

그럼에도 불구하고 우리는 얼마나 많이 기도를 최후의 것으로 쓰는지 모릅니다. 세상적인 모든 방법을 동원하다 되지 않으면 그때서야 기도하는 것이 우리의 현실입니다.

그러나 가장 찾아가기 쉬운 것, 가장 먼저 찾아가야 되는 것이 기도입니다. 즉 우리가 일상생활에서 일어나는 모든 일에 대하여 얼마나 자주 하나님께 의뢰하는가 하는 문제를 기도라고 합니다. 어느 만큼까지 하나님께 맡기느냐의 싸움을 기도라고 합니다.

세상에서 가장 안정된 자세는 기도하는 자세입니다.

가장 무릎을 잘 꿇는 자가 가장 잘 서 있는 자라는 말

이 있습니다.

　가장 안정된 자세는 기도하는 자세입니다.

　여러분은 비둘기가 왜 그렇게 우스꽝스럽게 뒤뚱뒤뚱 걷는지 혹시 아십니까? 그것은 자신이 가는 방향을 보려고 그렇게 한다고 합니다. 비둘기의 눈은 움직일 때는 초점을 맞출 수 없기에 다시 초점을 맞추려면 걸음 사이사이에 실제로 머리를 완전히 정지시켜야 합니다. 머리를 앞으로 내밀고는 정지, 또 뒤로 움직이고는 정지하면서 어색하게 뒤뚱뒤뚱 거리며 나아갑니다.

　주님과의 영적 행보에서 우리에게도 비둘기와 같은 문제가 있습니다. 우리가 움직이고 있는 동안에는 제대로 보기가 어렵습니다.

　우리가 주님과 동행하는 길에는 계속 나아가기 전에 우리가 더 잘 볼 수 있도록 멈추는 장치들이 꼭 마련되

어 있어야 합니다.

하루에 세 번씩 기도하는 것은 다니엘이 하나님과 동행하는데 있어 필수적인 요소였습니다.

"전에 행하던 대로 하루 세 번씩 무릎을 꿇고 기도하며 그 하나님께 감사하였더라" (단 6:10)

어떤 특정한 영적 재조정은 우리가 멈추어 서지 않는 한 얻을 수 없다는 것을 다니엘은 알고 있었습니다. 이런 멈춤들 때문에 그가 걷는 걸음은 주위사람들의 눈에 띄게 달랐습니다.

우리는 어떻습니까? 다니엘이 그랬던 것처럼 다르게 보이는 위험을 감수하고라도 비둘기로부터 중요한 교훈을 배워야겠습니다.

'멋있게 보이는 것'은 '잘 보는 것' 만큼 중요하지 않습니다.

prayerman

　뒤뚱뒤뚱 거리는 비둘기 걸음이 안정된 자세가 아닌 것 같지만 비둘기의 뒤뚱거림은 정확히 초점을 맞추기 위함입니다. 이것은 기도의 원리에도 적용됩니다.

　세상에서 가장 안정된 자세는 기도하는 자세입니다. 기도하는 자는 가장 안정된 삶을, 승리와 축복의 삶을 살 수 있습니다. 가장 무릎을 잘 꿇는 자가 가장 잘 서 있는 자인 것입니다.

　왕상 18장에서 엘리야는 아합왕에게 3년 6개월이나 지속됐던 가뭄이 그치고 비가 올 것을 예언하며 아합왕에게 이제 근심하지 말고 올라가 마실 것을 권면합니다. 아마 아합왕은 이스라엘에 수년간 계속된 가뭄으로 인하여 식음을 전폐할 정도로 몹시 근심하고 탈진되었던 것 같습니다.

"엘리야가 아합에게 이르되 올라가서 먹고 마시소서 큰 빗소리가 있나이다. 아합이 먹고 마시러 올라가니라 엘리야가 갈멜산 꼭대기로 올라가서"

이렇게 엘리야가 3년 6개월이나 계속된 이스라엘에 비가 올 것이라고 확신하는 근거는 무엇입니까? 그것은 바로 기도입니다. 기도하는 자는 자신만만한 인생을 살수 있습니다. 엘리야는 아합에게 비가 올 것을 자신만만하게 자신하고 다시 갈멜산 꼭대기로 올라갑니다. 그리고는 땅에 꿇어 엎드려 그 얼굴을 무릎 사이에 넣고 간절히 하나님께 기도합니다. 41절과 42절의 분위기가 너무 다르지 않습니까?

41절에서 아합왕에게 비가 올 것임을 자신만만하게 소리치던 엘리야는 42절에서 갈멜산에 올라가 땅에 꿇어 엎드려 그 얼굴을 무릎 사이에 넣고 간절히 하나님께

기도합니다.

　기도하는 자는 자신만만한 인생을 살 수 있습니다. 기도하는 자는 확신에 찬 인생을 살 수 있습니다.

　다니엘 2장에서 다니엘도 느부갓네살왕의 꿈의 해석을 자신 있게 자청하고 나섭니다.
　만약 해석이 틀리면 왕을 조롱한 죗값을 톡톡히 치러야 할 것입니다. 그러나 기도하는 인생은 장담을 할 수 있습니다.

　땅에 끓어 엎드려 그 얼굴을 무릎 사이에 넣고 간절히 기도하는 엘리야의 자세는 하나님을 향하여 배수의 진을 친 가장 안정된 자세입니다. 자신만만하고 확신에 찬 엘리야의 모습은 바로 부복하는 기도로부터 온 것입니다.

세상에서 가장 안정된 자세는 기도하는 자세입니다.

가장 무릎을 잘 꿇는 자가 가장 잘 서 있는 자인 것입니다.

가장 강한 무기는 기도입니다

기도는 가장 크고 강한 영적 무기입니다

마더 테레사는 "기도가 우리의 소중하고 힘 있는 무기라는 이 기쁜 소식을 우리는 온 세상에 퍼뜨립시다"라 하였고, 로널드 던은 "기도란 크리스천의 비밀 무기다"라 하였고, 영국의 종교 개혁자인 존 낙스는 "기도하는 한 사람이 기도하지 않는 모든 민족보다 강하고 무릎위에 놓인 나라는 무기 아래 놓인 나라보다 더 강하다"고 고백하였습니다.

스드로우 박스터는 이렇게 역설합니다.

"마귀의 한 가지 관심은 그리스도인들이 기도하지 못하게 하는 것이다. 마귀는 기도 없는 성경공부, 기도 없

는 봉사, 기도 없는 종교의식을 결코 두려워하지 않는
다.

마귀는 우리의 수고를 비웃고 우리의 지혜를 조소하
지만 우리가 기도할 때에 떤다. 사람들은 우리의 호소를
일축하고 우리의 복음을 거절하고 우리의 주장을 반대
하고 우리의 성도들을 경멸할 수 있을지 모르지만 우리
의 기도에 대해서는 꼼짝 못한다."

세상에서 가장 축복된 결단은 바로 기도하기로 결심
하는 결단입니다

세상에서 가장 아름다운 자세는 기도하는 자세이며
세상에서 가장 아름다운 언어는 바로 기도입니다.

작자 미상의 아름다운 시 한편을 소개합니다.

"늘 기도하는 그대의 모습이 좋습니다.

마음으로 간절히 주님을 향해 손을 모은 그 모습을 보면 가슴이 뭉클합니다.

기도는 인간의 힘이 아닌 주님의 도우심을 구하는 겸손이 들어있기 때문입니다.

잠에서 깨어나 가장 먼저 손을 모으고
주님을 향해 감사를 하는 당신의 모습에서
알 수 없는 신성함이 느껴집니다.

자신을 낮추고 주님을 높이며
다른 사람을 위해 간구의 기도를 하는 그대의 모습이
참 아름답습니다.

그런 그대를 볼 때면
함께 기도하고 싶은 그런 마음이 솟아납니다.

prayerman

기도는
사람의 마음을 맑게 정화시켜 줍니다.
하나님과의 대화를 하기 때문입니다.

늘 기도하는 그대의 모습이
참 아름답습니다.
일반인에게서 느낄 수 없는
숭고한 아름다움이 전해집니다."

창세기 32장에서 야곱은 형 에서를 20년 만에 만나러
가기 전에 혹시 형이 자신과 가족들을 해할지 모른다는
두려움에 자신의 소유물과 처자식은 얍복나루를 건너보
내고 자신은 홀로 남아 얍복강가에서 기도하기로 결단
합니다.

세상에서 가장 복된 결단은 바로 기도하기로 결심하
는 결단입니다.

얍복에서 기도하던 야곱은 결국 천사의 축복을 받습니다.

"거기서 야곱에게 축복한지라" (창 32:29)

기도의 시작도 복이요 기도의 마지막도 축복입니다.

어쩌다 하나님이 우리에게 기도라는 이 위대한 선물을 주셨을까요?

이런 감격과 감동의 고백이 여러분들에게 있습니까?

그렇다면 여러분은 기도의 축복을 알고 깨달은 분입니다.

야곱의 기도는 시작과 끝이 축복이었습니다.

오스왈드 챔버스는 이런 말을 했습니다.

"기도는 더 위대한 일을 하도록 하는 것이 아니다.
바로 기도 자체가 위대한 일이다."

prayerman

정말 아름다운 시 한편을 소개하고자 합니다.

"기도는 하나님이 주시려는 복을
전하는 그릇이로다.

그리스도인은 평생 기도하리니
오직 기도하는 동안 그의 생명이 있음이라

그대, 침묵 가운데 여전히 있을 것인가?
그리스도께서 그대의 기도를 바라시는데

나의 영혼아, 그대에게 하늘의 친구가 있으니
일어나서 거기서 그대의 복을 알아보라.

생각이 산만하고 말이 어눌해도
기도는 연약한 영혼을 붙드도다.

말할 수 있든 없든 기도하라.
예수의 이름을 믿는 믿음으로 기도하라"

한 목사님은 다음과 같이 말씀하십니다.
"흔히 기도가 답답하고 괴롭고 절박할 때만 필요한 것
이라고 생각한다. 그러나 기도는 우리 인생의 모든 문제
에 대한 해답이 담겨 있는 것이다." (이신웅, 신길교회)

스탠리 존스는 "우리가 만일 기도의 기교를 알고 행한
다면 생의 기교를 알고 행할 것이다"라고 하였습니다.
설교자와 찬송가 작시자인 토마스 켈리는 "기도는 우리
의 시간을 빼앗아 가는 것이 아니라 우리의 모든 시간을
얻게 하는 것"이라고 하였습니다.

모든 것은 기도에서 시작됩니다. 믿음은 무릎 꿇음에
서 시작됩니다.

　무릎 꿇지 않는 사람은 아무것도 할 수 없는 무력한 사람입니다

　기도 안에 모든 것이 있고 기도 안에 해결책(a solution)이 있습니다.

prayerman

prayerman

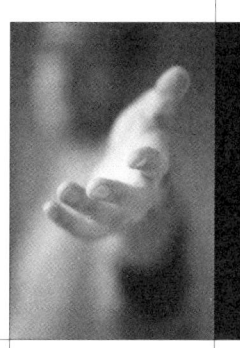

03

영적 파산을 인정하는 기도

prayerman

성결대 선교학과 교수님이신 노윤식 교수님은 기도에 대하여 이렇게 정의하십니다.

"기도는 하나님 앞에 자신을 굴복시키는 것이요 항복하는 것이며 겸손한 복종의 표시이다. 기도는 자신의 지력과 자존심 그리고 허영을 십자가에 못 박으며 자신의 영적 파산을 인정하는 것이다. 우리가 기도할 때에 두 손을 모으는 것은 내 손에 당신을 해할 무기가 없다는 표시이며, 입을 벌리는 것은 자신의 내부를 공개하는 가장 유약한 표현이며, 무릎을 꿇고 고개를 조아리는 것은 항복을 의미한다."

기도의 진정한 차원(dimension)과 의미는 바로 영적 무력함의, 영적 파산의 인정이라는 것입니다 엄밀하게 말하면 기도에는 영적 파산을, 영적 무력함을 인정하는 기도만이 존재합니다.

많은 분들이 기도가 잘 되지 않는다고 질문합니다. 그 이유는 무엇입니까? 저는 내가 어떤 장소에 있든 간에 성령의 큰 감동으로 그 자리에 무릎을 꿇고 상한 심령으로 기도하고 싶은 강렬한 감동을 때때로 경험합니다. 물론 그러한 뜨거운 성령의 감동이 늘 계속되어지는 것은 아닙니다. 때로는 기도하는 것이 힘들고 버거울 때도 있습니다.

왜 성령의 큰 감동의 기도가 지속되지 못할까? 왜 계속적으로 상한 심령의 기도가 계속되지 못할까 하는 것이 저의 의문이었습니다.

그 이유는 영적 파산을, 영적 무력함을 인정하지 못하는 데에 있었습니다. 자신의 영적 파산을 인정할 때만이 기도의 진정한 차원을 경험하게 될 것입니다. 자신의 영적 무력함을 고백할 때만이 기도의 진정한 차원이 체험되어 질것입니다.

이러한 기도의 차원을 매우 잘 보여주는 것이 누가복음 18장의 바리세인과 세리의 기도입니다. 바리새인과 세리가 함께 기도하러 성전에 올라갑니다.

"또 자기를 의롭다고 믿고 다른 사람을 멸시하는 자들에게 이 비유로 말씀하시되 두 사람이 기도하러 성전에 올라가니 하나는 바리새인이요 하나는 세리라 바리새인은 서서 따로 기도하여 가로되 하나님이여 나는 다른 사람들 곧 토색, 불의, 간음하는 자들과 같지 아니하고 이 세리와도 같지 아니함을 감사하나이다. 나는 이레에 두 번씩 금식하고 또 소득의 십일조를 드리나이다. 하고 세리는 멀리 서서 감히 눈을 들어 하늘을 우러러 보지도 못하고 다만 가슴을 치며 가로되 하나님이여 불쌍히 여기소서. 나는 죄인이로소이다 하였느니라. 내가 너희에게 이르노니 이 사람이 저보다 의롭다 하심을 받고 집에 내려갔느니라. 무릇 자기를 높이는 자는 낮아지고 자기를 낮추는 자는 높아지리라" (눅 18:9-14)

바리새인의 기도는 자기의 의와 자신의 능력을 드러
내는 기도였으며 세리의 기도는 자신의 무력과 무능을
선언하는 기도였습니다. 주님은 바로 세리의 기도가 진
정한 기도라고, 바른 기도라고 말씀하십니다.

세리의 기도는 기도의 진정한 차원을 보여줍니다. 참
기도의 모습을 보여줍니다. 바로 자신의 무능과 무력함
을 인정하는 기도입니다.

할레스비는 이렇게 말합니다.
"기도와 무력함은 떨어질 수 없다. 무력한 자가 진실
하게 기도할 수 있다. 당신의 능력 없음을 고백하는 것
이 최고의 기도이다. 이 기도가 소원을 재잘거리는 기도
보다 더 효과적으로 하나님의 마음을 움직인다."

기도는 오직 나의 무능력을 인정하는 기도만이 존재

합니다. 하나님만이 하실 수 있음을 인정하지 아니할 수 없는 기도만이 존재합니다. 기도의 깊은 세계에 들어가면 오직 나의 무능력을 인정하는 기도만이 존재한다는 것을 알 수 있습니다. 오직 성령만이 말하시고 도우시는 기도, 그것이 진정한 기도의 차원(dimension)입니다.

"이와 같이 성령도 우리의 연약함을 도우시나니 우리가 마땅히 빌 바를 알지 못하나 오직 성령이 말할 수 없는 탄식으로 우리를 위하여 친히 간구하시느니라" (롬 8:26)

한 목사님은 이렇게 말합니다.

"자신의 절대 무능을 깨달은 사람만이 기도한다. 그 사람이 곧 하나님의 축복을 받은 사람이며, 지혜로운 사람이다." (이신웅 목사, 신길성결교회)

도움은 오직 하나님에게서만 옵니다.

"내가 산을 향하여 눈을 들리라 나의 도움이 어디서 올꼬 나의 도움이 천지를 지으신 여호와에게서로다"(시 121:1-2) 이 말씀은 매우 위대하고 중요한 영적 진리를 가지고 있습니다. 바로 도움은 하나님에게서만 온다는 것입니다.

시카고에 사는 토마스 학개라는 사람은 문제가 있는 회사들을 찾아다니면서 전문적인 충고를 통해서 회사를 살려내는 전문가였는데, 하루는 IGA(식료품 자영업자 연합회)의 회장인 딕 해리슨으로부터 도움을 요청받았 습니다. 재정상의 문제로 파산에 직면하게 되어 비상 이 사회를 소집하고는 전문가 토마스 학개를 부른 것입니 다. 토마스 학개는 절망하고 있는 회사 중역들 앞에서 이렇게 말을 시작했습니다.

"여러분은 파산한 것이 아닙니다. 돈이 잠시 없는 것

뿐입니다. 이 둘 사이에는 엄청난 차이가 있습니다. 저는 여러분과 같은 상황에 처해 있을 때마다 언제나 하나님 앞에 기도했습니다. 가끔은 머리를 숙이는 것만으로는 부족해서 실제로 무릎을 꿇고 기도해야겠다고 느낄 때가 있습니다. 지금이 그런 때라고 생각합니다. 함께 무릎 꿇고 기도하지 않으시겠습니까?”

한순간 충격으로 중역실이 조용해졌습니다. 한순간 의아해지더니 다음 순간 한 사람씩 의자를 뒤로 밀어놓고는 모두들 땅바닥에 무릎을 꿇었습니다. 학개 씨도 무릎을 꿇으면서 “한 쪽 무릎만 꿇으면 하나님은 그를 반쪽 사람으로 여기시고, 양쪽을 다 꿇으면 그를 온전한 사람으로 여기십니다” 하고는 기도했습니다.

“하나님, 이들이 현재 직면한 위기 너머에 있는 비전을 보게 하옵소서. 이들이 자신들과 자신의 책임에 대해 생각하는 것보다 주님께서 많이 신경을 쓰고 계시다는

사실을 깨닫게 도와주옵소서."

그 기도가 끝난 후, 각자 조금씩 희생을 하면서 지혜
와 경험을 한데 모아 앞으로 어떻게 해야 할지를 의논하
면서 노력하자, 얼마 되지 않아서 곧 그 위기를 극복하
게 되었습니다.

마지막으로 한 글을 소개하고자합니다.

"하나님께서는 왜 기도에 응답하시기 전의 필수 조건
으로 스스로 무기력함을 인정하게 하실까? 한 가지 분
명한 이유는, 인간이 무력하다는 근본 사실 때문이다.

인간의 재능으로 우리 마음의 욕망을 채울 수 있다고
우리가 잘못 알고 있는 한, 우리는 거짓을 믿고 있는 것
이다. 그리고 자기기만과 거짓을 기반으로 기도에 응답
을 받는다는 것은 불가능한 일이다."

prayerman

"나를 떠나서는 너희가 아무 것도 할 수 없음이라" (요 15:5)

'하늘위에 주님밖에' 라는 CCM 가사입니다.
"하늘위에 주님밖에 내가 사모할 이 이 세상에 없네
내 맘과 힘은 믿을 수 없네
오직 한 가지 그 진리를 믿네
주는 나의 힘이요 영원히 주를 의지하리"

내 맘과 힘은 믿을 수 없습니다. 우리는 내 자신의 영적 파산과 무력함을 선언하고 내가 믿을 수 있는 유일한 진리 한 가지, 주님만이 나의 힘이요 주님만이 나의 도움이시라는 영적 파산의 선언이 여러분들의 기도 속에 고백되어지기를 간절히 기원합니다.

교만 중에 가장 무서운 교만은 기도하지 않는 교만이다.

prayerman

04

무릎 비전

prayerman

prayerman

"너희 중에 누구든지 지혜가 부족하거든 모든 사람에게 후히 주시고 꾸짖지 아니하시는 하나님께 구하라 그리하면 주시리라" (약 1:5)

하나님은 그의 자녀들에게 지혜를 주십니다.

왕상 18장에서 엘리야는 3년 6개월이나 지속됐던 가뭄이 그치고 비가 올 것을 예언하며 아합왕에게 이제 근심하지 말고 올라가 마실 것을 자신만만하게 선언합니다.

그리고서는 갈멜산에 올라가 땅에 꿇어 엎드려 그 얼굴을 무릎 사이에 넣고 간절히 하나님께 기도합니다.

비가 오기를 간절히 기도하던 엘리야에게 바다에서 큰비의 전조인 사람의 손 만한 작은 구름이 일어납니다.

"일곱 번째 이르러서는 저가 고하되 바다에서 사람의 손 만한 구름이 일어나니이다. 조금 후에 구름과 바람이 일어나서 하늘

이 캄캄하여지며 큰 비가 내리는 지라" (왕상 18:44-45)

　　그렇습니다. 기도하면 비전을 봅니다. 기도하면 문제
해결의 지혜를 얻습니다.

　　다니엘의 친구들이 다니엘과 자신들을 위하여 기도할
때에 다니엘은 한밤중에 은밀한 비전을 봅니다.

　　"이에 은밀한 것이 밤에 이상으로 다니엘에게 나타나 보이
매" (단 2:19)

　　기도하는 한밤중에 이처럼 응답을 받았습니다. 혹시
여러분 가운데 간절한 기도제목이 있습니까? 낙심하거
나 한숨 쉬기보다 한밤중이라도 일어나 기도하시기 바
랍니다.

　　힘들고 지쳐 도저히 사방에 가로 막혀있는 것 같을
때, 무릎을 꿇으면 하나님은 분명한 비전을 보여주십니

다. 도무지 갈 길이 없어 보이는 상황에서도 무릎을 꿇으면 하나님께서는 길을 열어주십니다.

기도하는 인생은 비전 인생입니다.

다니엘 학습법으로 유명한 서울대 수석졸업의 김동환 전도사의 간증을 들을 기회가 있었습니다.

간증의 요지는 하나님을 향하여 뜻을 정하여 바벨론 왕의 진미와 포도주로 자기를 더럽히지 않으리라 결단한 다니엘의 이야기였습니다.

어떻게 바벨론왕의 진미와 포도주를 거부한 다니엘과 세친구가 열흘 동안 채식만을 먹고서도 열흘 후에 왕의 진미와 포도주를 먹은 소년들보다 더 윤택하게 나아 보였겠습니까?

믿음의 방법과 길을 택하는 자들에게 하나님께서는 분명히 승리의 길과 비전을 주신다는 소망의 메시지였습니다. 특별히 무릎 꿇는 기도자에게 하나님은 지혜와

승리의 비전을 분명히 보여주신다는 메시지였습니다.

오늘날도 동일하게 하나님께서는 하나님을 향하여 뜻을 정한 모든 당신의 자녀들에게 다니엘과 같이 승리할 수 있는 분명한 비전을 허락하실 것입니다. 바로 무릎 꿇는 기도자에게입니다.

무릎 꿇는 자에게 하나님은 분명한 비전과 지혜를 허락하십니다.

비전과 지혜는 무릎 꿇음으로부터 나옵니다.

이런 말이 있습니다.

"지식을 얻으려면 학교로 가라 지혜를 얻으려면 하나님 앞에 무릎을 꿇어라 지식이 지혜는 아니다. 지혜는 무릎을 꿇는 자에게만 주시는 하나님의 은총이다."

그렇습니다. 지혜는 무릎 꿇는 자에게 아낌없이 주시는 하나님의 선물입니다.

링컨 대통령은 평소에 자주 이런 말을 했다고 합니다.

"나는 어려울 때마다 무릎을 꿇고 기도를 합니다. 나는 특별한 지혜가 없지만 기도를 하고 나면 특별한 지혜가 종종 머리에 떠오르곤 했습니다."

"아무데도 갈 데가 없이 막연할 때 나는 여러 번 무릎을 꿇게 됩니다.

나의 지혜와 주위의 모든 것이 감당하기에 너무 벅찰 때 나는 기도에 의지합니다."

또 데이비드 닉슨은 이런 말을 하였습니다.

"어려움으로부터 구원받기 위해 여러 가지 방법을 강구하는 것은 잘못된 신앙이다. 참된 신앙은 오직 한 가지 방법, 곧 필요할 때마다 하나님 앞에 나아가 지혜를 달라고 기도하는 방법만을 따른다."

주님은 우리에게 오늘 말씀하십니다.

"너희 중에 누구든지 지혜가 부족하거든 모든 사람에게 후히 주시고 꾸짖지 아니하시는 하나님께 구하라 그리하면 주시리라" (약 1:5)

미국의 유명한 치즈 제조업자였던 크래프드라는 사람은 처음에 마차에 치즈를 싣고 다니면서 팔았습니다.

그런데 그는 매일 아침 치즈를 팔러 나가기 전에 먼저 하나님께 기도드리고 나서 떠났습니다. 그때마다 그에게 지혜가 생겨서 사업이 점점 번창하게 되었고, 나중에는 수많은 트럭으로 치즈를 보급하는 '치즈 왕'이 되었습니다.

그에게 '당신이 성공한 비결이 무엇이냐?'고 물을 때에, 그는 '하나님께 지혜를 구하는 기도를 하고 모든 일을 처리하게 될 때에 하나님께서 이처럼 축복을 해주셨다'고 고백했습니다.

05

기도는 보물창고입니다

prayerman

"너희는 기도할 때에 네 골방에 들어가 문을 닫고 은밀한 중에 계신 네 아버지께 기도하라 은밀한 중에 보시는 네 아버지께서 갚으시리라" (마 6:6)

주님께서 골방에서 기도하라고 하셨을 때 그 골방은 헬라어로 '타메온' 입니다. '타메온'은 온갖 보화와 보물이 있는 보물창고를 의미합니다.

"기도는 하나님의 무한한 은혜와 능력의 창고를 여는 유일한 열쇠이다."(토레이)

E.M.바운즈는 "성도들의 기도는 세상에서 일하는 하나님의 보급창고이다. 하나님의 은혜와 축복은 인간이 드리는 기도에 의해 클 수도 작을 수도 있다"고 역설합니다.

칼빈도 이렇게 말합니다.

"하나님의 이름을 불러서 그리스도 안에 있는 보물을 받게 된다. 신앙이 복음에서 나오듯이, 우리의 마음도 복음의 훈련을 받아서 하나님의 이름을 부르게 된다. 기도를 통하여 우리는 천국의 보물을 발굴한다."

기도하는 골방이 얼마나 위대한 보물창고인가를 상징적으로 보여주는 대목입니다.

기도 속에서 수많은 기도의 보화와 보물을 퍼 가시기를 소망합니다.

여러분의 골방은 어디입니까? 특별히 주님께서는 골방에 들어가 "문을 닫을" 것을 말씀하십니다. 여기서 문을 닫는 다는 의미는 세상의 소음과 분주함으로부터 벗어나 하나님께 집중할 수 있는 그런 환경을 의미합니다.

그런 의미에서 '골방'은 공간적 의미라기보다는 하나님께 온전히 집중할 수 있는 환경을 의미합니다. 여러분

의 골방은 어디입니까?

　챨스 죠지 고든은 1833년에 출생한 영국이 자랑하는
장군입니다. 그는 1860년 애로호 사건 때 공을 세웠고,
중국의 태평천국의 난을 진압했습니다. 그는 수단의 총
독을 지냈고, 이집트 총독을 지냈습니다.

　그가 수단의 총독으로 임명받아 반란군들을 토벌하고
있을 때입니다. 그의 막사 밖에는 매일 1시간씩 손수건
이 걸려 있는 것을 볼 수 있었습니다. 군인들은 그 손수
건이 무엇을 의미하는지를 다 알았습니다. 그 손수건은
〈지금 기도 중〉이란 표시였습니다. 그의 막사는 기도의
골방이 되었습니다. 그 기도의 골방은 고든 장군을 승리
자로 만들었습니다.

　E.M.바운즈는 '기도의 능력' 이라는 책에서 기도의 골
방이 얼마나 중요한가를 역설합니다.

"우리가 옹색하게 사는 것은 기도 생활에 인색하기 때문이다. 골방에서 잔치하는 데 많은 시간을 들일수록 우리의 삶이 기름지고 알차게 될 것이다. 우리가 골방에서 하나님과 함께 머무를 수 있는 능력은 골방 밖에서 하나님과 같이할 수 있는 능력을 결정한다"고 하였습니다.

기도의 골방은 무제한의 천국 보화와 보물 창고에서 무제한의 공급을 받는 자리입니다.

"아주 큰 소원을 가지고 당신은 한 왕에 나아갑니다. 그 왕의 은혜와 능력은 무한하시므로 아무리 구해도 너무 많이 구한다고 할 수 없습니다." (존 뉴톤)

그러므로 기도의 시간과 장소를 소홀히 여기고 간과하는 것은 세상에 있어 가장 중요한 시간과 기회를 놓쳐 버리게 되는 것입니다. 바쁘다고 기도를 소홀히 하면 기도를 안한 만큼 손해를 봅니다.

엔드류 머레이는 '일정한 기도의 시간이 없는 사람은 기도하지 않는 사람이다' 라고 말합니다. 일정시간 골방의 기도가 없는 사람은 기도하지 않는 사람입니다.

세계적인 강철왕 카네기에게 기자들이 성공비결을 물었습니다. 그는 세 가지로 대답했는데 첫째로 그가 가난했기 때문이며 둘째는 배우지 못했기 때문이며 마지막은 그렇기 때문에 하나님 앞에서 목숨 걸고 기도하며 지혜를 얻었기 때문이라고 했습니다. 누구도 빼앗지 못하는 기도가 그에게 있었기에 그는 세계의 강철 왕이 될 수 있었습니다. 여러분에게도 그 누구도 빼앗아 갈수 없는 기도의 기름지고 풍성한 골방이 있습니까?

자본은 오직 기도입니다. 기도의 자본이 얼마나 큰 자본인지 우리는 잘 모릅니다.

토마스 벅스톤은 간절히 이렇게 역설합니다.

"당신의 기도의 가치를 알고 있지 않은가? 기도는 그

무엇보다 귀중하다 결코, 결코 기도를 소홀히 하지 마라.”

기도는 보물창고입니다.

종교개혁자 마틴 루터는 말하기를 〈더 많이 일하기 위해서 더 많이 기도한다〉고 했습니다.

마틴 루터와 함께 종교개혁에 참여했던 〈필립 멜랑히톤〉은 어느 날 한 통의 편지를 받았습니다.

“나는 그 놀라운 신앙의 사람에 대하여 말하고 싶습니다. 이 어려운 때에 그의 신앙과 절도 있는 생활과 가슴 속에 가득한 소망은 저를 감동시켰습니다. 그는 성경을 근면하게 연구함으로써 축복된 영혼의 모습을 언제나 유지하였습니다.

그는 하루에 적어도 세 시간 이상 기도함으로써 저를 놀라게 했습니다. 어느 날 저는 그의 기도를 들었습니다. 오, 그것은 무엇이라고 말하면 좋겠습니까? 그의 기

도 속에는 충만함이 있었습니다. 믿음의 충만함이, 그 기도하는 자신의 기쁨의 충만함이 있었습니다. 그리고 부친이나 친구와 말할 때처럼 차분하고 부드러우면서도 확고하였고 간절하였습니다. 저는 그렇게 아름다운 기도를 들어본 일이 없습니다. 그 순간 저는 그의 위대한 사역이 바로 그 기도의 골방에서 나온다는 것을 알게 되었습니다. 당신은 그런 분과 함께 일하고 있으니 행복한 분입니다."

이 편지 속에 등장하는 그 아름다운 기도의 사람은 다름 아닌 마틴 루터였습니다. 그 불가능을 뚫고 종교 개혁의 기치를 높이 들 수 있었던 것은 기도골방의 힘이었습니다.

prayerman

06

회복의 기도

prayerman

9.11테러로 미국의 쌍둥이 빌딩이 붕괴된 다음에 잔해 속에서 생존자를 찾는 작업을 했습니다. 우리나라에서도 삼풍백화점이 무너졌을 때 비슷한 구조 작업을 하였습니다.

구조대원들이 잔해 속에서 생존자를 찾을 때 제일 먼저 소리를 찾는다고 합니다. 잔해 속에 만약에 생존자가 있다면, 그리고 그 사람에게 의식이 있다면 비록 다리가 부러졌을지라도, 몸이 상했을지라도, 뭔가 소리를 낼 것이라는 것입니다. 그래서 그 잔해 속에서 '똑 똑똑 똑똑' 뭔가 두드리는 소리가 들리면 그 잔해 속에 누군가가 살아있다는 것입니다.

하나님이 우리를 보실 때도 마찬가지 입니다. 하나님이 우리를 보실 때 내 환경이 지금 건물이 무너져서 내가 그 잔해 사이에 깔려 있는 것처럼 보일지라도 누군가가 소리를 낼 수만 있다면, 기도하는 소리, 하나님께 부

르짖는 소리가 나기만 한다면 하나님께서 거기에 귀를 기울이신다는 것입니다.

비록 무너진 건물 속에 있는 우리의 삶이라고 하더라도 하나님이 우리의 소리를 들을 수 있어야 한다는 얘기입니다.

구조대원들은 소리를 찾아서 소리가 있는 곳부터 파기 시작합니다. 하나님도 마찬가지입니다. 소리를 내는 사람, 누군가가 부르짖는 사람부터 하나님께서 관심을 기울이십니다. 그 사실을 우리가 잊어서는 안 됩니다.

마가복음 10장에서 주님은 여리고 성문에서 발걸음을 멈추셨습니다.

나면서부터 소경이요, 거지였던 바디메오가 주님을 향해 부르짖었기 때문입니다.

"소경 거지 바디매오가 길가에 앉았다가 나사렛 예수시란 말

을 듣고 소리 질러 가로되 다윗의 자손 예수여 나를 불쌍히 여기소서 하거늘 많은 사람이 꾸짖어 가로되 다윗의 자손이여 나를 불쌍히 여기소서 하는지라 예수께서 머물러 서서 저를 부르라 하시니 저희가 그 소경을 부르며 이르되 안심하고 일어나라 너를 부르신다 하매" (막 10:47-49)

주님을 향해 부르짖는 자를 향하여 주님은 그 얼굴을 돌리십니다. 주님을 향해 외치는 곳에 우리 주님의 발걸음이 멈춰집니다. 소리 나는 곳에 주님의 눈길이 머뭅니다.

여러분의 기도에 하나님은 귀 기울여 들으십니다, 하나님에게 여러분의 기도는 너무나 귀중하고 소중한 것입니다.

그래서 맥스 루카도는 '주와 같이 길가는 것'이라는 책에서 기도는 너무나 값진 보석임을 말합니다.

"당신이 하나님께 말할 수 있는 까닭은 그분이 들으시

기 때문이다. 당신의 목소리는 천국에서 중요하다. 그분
은 당신을 아주 진지하게 대하신다. 당신이 하나님의 임
재에 들어서면 수행원들은 당신의 목소리를 들으려고
고개를 돌린다. 무시당할까 두려워할 필요가 전혀 없다.
말을 더듬거나 두서가 없어도, 누구도 당신이 할 말에
마음을 주지 않아도 하나님은 마음을 주신다. 그리고 들
으신다. 집중해서 들으신다. 귀 기울여 들으신다.

　기도는 값진 보석처럼 하나님께 소중히 취급된다. 기
도의 말은 정화되고 능력을 입어 주님께 향기로운 냄새
로 올라간다. 당신의 말은 하나님의 보좌에 이르기 전에
는 결코 멈추지 않는다. 당신의 기도는 하나님을 움직여
세상을 변화시킨다. 당신은 기도의 신비를 이해하지 못
할지 모른다. 그래도 괜찮다. 그러나 이것만은 분명하
다. 하늘의 행동은 누군가 이 땅에서 기도할 때 시작된
다. 얼마나 놀라운 일인가?"

prayerman

기도는 값진 보석입니다. 하나님에게 여러분의 기도는 너무나 귀중하고 소중한 것입니다. 여러분의 기도에 하나님은 귀 기울여 들으십니다. 우리의 조그맣고 작은 신음에도 하나님은 너무나 가슴 아파하시고 응답하십니다.

제가 제 아이들과 한 대형 할인점에 갔을 때 일입니다. 다른 아이들도 마찬가지이겠지만 제 아들도 역시 장난감을 상당히 좋아하는 편입니다. 평소에도 장난감을 사기 원할 때는 심하게 저를 조르고 또 주저앉아 떼를 부립니다. 그러나 그 날은 여전히 떼를 부리는 아들에게 처음부터 분명히 오늘은 장난감은 안 된다고 선언(?)하고 다른 것을 사기 위해 반대쪽으로 움직이고 있었습니다.

그런데 우연치 않게 그전과 달리 제 아들이 조그마한 목소리로 "저 장난감은 꼭 갖고 싶은데...." 하며 체념하

듯 낙심하는 조그마한 목소리가 정말 의도하지도 않았
는데 우연찮게 제 귀에 들려왔습니다. 그 작고 조그마한
목소리에 제 가슴이 너무나 아팠습니다. 그래서 지갑을
열어 아이에게 장난감을 사줄 수밖에 없었습니다.

그때에 저는 하나님의 마음을 이해할 수 있었습니다.
여러분의 작은 신음에 하나님은 얼마나 가슴 아파하시
는지 아십니까? 하나님의 형상을 닮은 여러분의 작은
신음에 하나님은 얼마나 귀를 기울이시지는 아십니까?
여러분의 작은 신음에도 하나님께서는 얼마나 강하게
역사하시는지 아십니까?

'주만 바라볼찌라' 라는 찬양이 있습니다.

"하나님의 사랑을 사모하는 자 하나님의 평안을 바라
보는 자

너의 모든 것 창조하신 우리 주님이 너를 얼마나 사랑
하는지 하나님께 찬양과 경배하는 자 하나님의 선하심
을 닮아가는 자

너의 모든 것 창조하신 우리 주님이 너를 자녀 삼으셨네

하나님 사랑의 눈으로 너를 어느 때나 바라보시고

하나님 인자한 귀로써 언제나 너에게 기울이시니

어두움에 밝은 빛을 비춰 주시고 너의 작은 신음에도 응답하시니

너는 어느 곳에 있든지 주를 향하고 주만 바라볼찌라 주만 바라볼찌라"

하나님은 아버지가 자녀를 눈에 넣어도 아프지 않을 정도로 사랑으로 바라보듯이 사랑의 눈으로 언제나 여러분을 바라보고 계심을 아십니까?

하나님의 얼굴은 언제나 우리를 향하고 계십니다.

"여호와는 그 얼굴을 네게 비취사" (민 6:25)

하나님은 언제나 인자한 귀로써 여러분의 기도에 주목하여 귀를 기울이고 계심을 아십니까? 하나님은 여러분의 작은 신음에도 얼마나 강하게 역사하시지는 아십니까?

한 소년이 있었습니다. 이 소년은 가난으로 공부의 길이 막히자 14세부터 새벽기도회에 나가 종을 치며 "하나님 저를 불쌍히 여겨 주세요"라고 호소하며 기도하였습니다.

비가 올 때는 우산이 없어서 어머니 치마를 덮고 가서 종을 치며 기도하였습니다.

이 소년이 자라서 목사가 되었는데 그가 담임하고 있는 교회는 새벽기도회에만 3천명이 출석하는 명성교회를 일군 김삼환 목사님입니다.

하나님은 가난으로 공부의 길이 막힌 시골 가난한 소년의 기도를 결코 외면치 않으셨습니다. 그 조그마한 가

난한 시골 소년의 작은 신음에 응답하셨습니다.

서울대 수석졸업의 주인공인 다니엘 학습법의 김동환 전도사의 가정은 무너져 가던 가정이었습니다. 그의 집안은 우상을 섬기던 가정이었고 그의 어머니는 극심한 질병으로, 아버지는 알콜 중독으로, 세상의 기준으로 볼 때는 전혀 소망이 없는 절망 그 자체의 무너져 가던 가정이었습니다. 그러나 하나님은 이 작은 소년의 기도를 결코 외면치 않으셨습니다. 전혀 소망이라곤 찾아 볼 수 없는 이 소년의 작은 신음에 놀랍게 응답하셨습니다.

기도하면 하나님이 모든 무너진 것을 회복시키십니다.

기도하면 하나님께서 모든 무너진 것을 일으켜 세우십니다.

우리의 입술에 얼마나 놀라운 권세가 있는지 아십니

까?

모든 기도는 다 위대합니다. 위대하지 않은 기도란 없습니다.

"하나님은 모든 평범한 기도를 특별한 기도로 바꾸신다"라는 말이 있습니다.

작은 기도란 없습니다. 하나님은 가장 보잘것없는 성도의 가장 작은 기도의 속삭임에 대하여 바다같이 넓은 은혜를 주시는 분이십니다.

기도하면 모든 무너진 것들이 회복됩니다.

기도하면 모든 무너진 것들을 하나님께서 친히 일으키십니다.

무너진 나의 가정, 무너진 나의 사업, 무너진 나 자신, 무너진 나의 국가

이 모든 것이 기도하면 회복되어집니다.

미국 LA 근교에 디즈니랜드가 있습니다.

창업자 월트 디즈니는 시카고 근교에 태어나 어릴 때 너무 가난하여 남의 집 머슴으로 들어갔습니다. 주인집 헛간에서 생활을 하면서 취미로 그림을 그렸습니다.

그는 결혼 후에도 만화를 그려 생계를 유지 했지만 무명의 작가였기 때문에 제대로 대우를 받을 수가 없었습니다. 결국 월세를 내지 못하여 길거리로 쫓겨나고 맙니다. 어린 아내와 함께 공원에다 움막을 치고 그곳에서 만화를 그렸습니다.

삶이 어려우니 일에 대한 회의도 들고 탄식도 나왔습니다. 그래서 하나님께 기도했습니다. 하나님께 입에 풀칠 좀 할 수 있게 해달라고 기도했습니다.

그런데 어느 날 공원에서 너무나 신나게 뛰어 다니는 한 마리의 생쥐를 보았습니다. 농장 헛간에서 머슴으로 살던 때에 많이 보았던 생쥐인데도 그때는 그런 아이디어가 떠오르지 않았는데 삶이 어려워 하나님께 기도했더니 생쥐를 보고는 아이디어를 얻었습니다.

생쥐를 캐릭터로 만화를 그려야겠다고 생각을 한 것입니다. 그래서 처음에는 모터머라는 이름을 붙여 만화를 그리려고 했는데 그의 어린 아내가 더 쉬운 이름으로 하자고 해서 '미키' 라고 이름을 붙였습니다. 이 생쥐가 우리에게 잘 알려진 미키 마우스입니다.

그때가 1923년 이었습니다.

미키 마우스라는 이 캐릭터 하나가 가난한 머슴 출신의 월트 디즈니를 꿈의 궁전의 황제로 만들었습니다. 그는 월트 디즈니사라는 영화사를 만들어 〈알라딘〉이라는 만화영화로 4억 4천만 달러를 벌여 들였다고 합니다. 한마디로 "월트 디즈니사는 만화가계가 아니라 조폐공사이다"라고 할 만큼 그는 미키 마우스 덕분에 아니 하나님이 주신 지혜 덕분에 꿈의 궁전의 주인이 된 것입니다.

디즈니는 배고프다고 기도했지만 하나님은 꿈의 궁전의 주인으로 만들어 주었습니다.

07

기도가 일합니다

prayerman

기도하면 하나님이 일하십니다.

기도할 때만이 비로소 하나님이 일하십니다.

기도하지 않으면 그 어떤 일도 이루어지지 않습니다.

놀만 빈센 필 박사는 "인생은 바뀔 수 있다. 그러나 그 변화는 오직 기도를 통해서만 얻을 수 있다"고 말합니다.

기도는 운명을 결정합니다. 기도한 대로 됩니다. 기도를 안했으면 안한 대로 되고, 기도 했으면 기도한 대로 됩니다.

변화를 원하십니까? 변화는 오직 기도로만 가능함을 잊어서는 안 됩니다.

기도하지 않으면, 하나님께서도 일하시지 않습니다. 기도하지 않으면 어떤 변화도 일어나지 않습니다. 그런데 기도하면 하나님께서 일하시기 시작합니다. 변화와 역사가 시작됩니다. 오직 기도가 일합니다.

기도하면 기도자의 일은 이제 자신의 일이 아니라 하나님의 일이 됩니다.

기도자의 기도는 이제 하나님께 던져집니다.

이것이 베드로전서 5장 7절의 "너희 염려를 다 주께 맡기라 이는 그가 너희를 권고하심이니라"라는 말씀입니다.

그래서 놀만 빈센 필은 말했습니다. "문제를 붙잡은 당신의 손을 하나님의 손안에 넣으시오. 그리하면 당신의 문제가 하나님의 문제가 될 것이요"

기도하면 나의 염려, 문제, 기도제목이 모두 하나님의 일이 됩니다.

일은 하나님의 영역입니다. 우리는 일할 수 없을뿐더러 일할 수 있는 능력도, 자격도 전혀 없습니다. 일은 하나님의 고유하고 절대적인 영역입니다.

하나님은 우리를 일하도록 부르시지 않았습니다. 그래서 A.W.로프는 "하나님은 육체적 수고보다는 기도와

영적교제에 더 큰 가치를 둔다. 하늘나라의 신랑은 신부에게 구애하고 있는 것이지 하인을 고용하고 있는 것이 아니다" 라고 말합니다.

　　오직 하나님이 일하고 기도가 일합니다.
　　그래서 예레미야는 "일을 행하는 여호와, 그것을 지어 성취하는 여호와, 그 이름을 여호와라 하는 자가 이같이 이르노라"(렘33:2)선언합니다.

　　일을 행하시는 분은 오직 하나님입니다.
　　일의 주체자이신 하나님은 기도로 움직이십니다.
　　이것이 바로 우리가 기도해야 할 이유입니다.
　　일과 기도를 예레미야는 함께 말씀합니다.
　　하나님은 기도로 일하시기 때문입니다.

　　"일을 행하는 여호와, 그것을 지어 성취하는 여호와, 그 이름

을 여호와라 하는 자가 이같이 이르노라 너는 내게 부르짖으라 내가 네게 응답하겠고 네가 알지 못하는 크고 비밀한 일을 보이리라" (렘 33:2)

그래서 이치만리는 "기도는 하나님이 운행하시는 철로이다" 라고 하였습니다.

기도하면 하나님이 일하십니다. 기도할 때만 하나님이 일하십니다. 오직 기도가 일합니다.

"또 여호와께서 예루살렘을 세워 세상에서 찬송을 받기까지 그로 쉬지 못하게 하라" (사 62:7)

기도의 위대한 힘을 한 번이라도 사용해 본 사람은 이 세상의 어떤 권력보다도, 이세상의 어떤 힘 있는 사람의 조언보다도, 조용히 하나님 앞에 나가 기도하는 시간을 갖습니다. 그 조용한 시간, 그 고요한 시간에 시끄러운

세상을 이기는 힘을 공급 받을 수 있습니다. 나에게 있는 해결되지 않은 문제의 답을 받을 수 있습니다. 기도하는 시간은 나를 시험하고 있는 문제의 정답을 명확하게 들을 수 있는 시간입니다.

연세대학교 소아과 김동수 교수의 간증입니다.

다른 병원에서 고치지 못한 어린아이를 돌보게 되었습니다.

김 교수를 찾아온 아이의 아버지는 아이가 하루 두 번씩 고열로 고통을 당하고 있다고 호소하면서, 다른 병원에서 강력한 항생제를 써 보았지만 전혀 효과를 보지 못했다고 말했습니다.

그 병원에서는 정확한 원인을 알아내기 위해 개복수술을 해야 한다고 권했지만, 아버지는 차마 어린 자식의 배를 가를 수 없어 김 교수를 찾아온 것입니다.

아이를 세브란스 병원으로 옮긴 그날부터 김 교수는

기도를 시작했습니다. 아이의 어머니에게도 같이 기도
하자고 부탁했습니다.

그리고 간농양이라는 검사 결과에 따라 먼저 있던 병
원에서처럼 강력한 항생제 치료를 시작했습니다.

치료를 시작한 지 이틀 후부터 감쪽같이 열이 내렸습
니다. 2주 후에는 거의 정상이 되었고, 한 달 후 아이는
완전히 회복되어 퇴원했습니다.

한 의사가 김 교수에게 물었습니다.

"선생님, 먼저 병원에서도 똑같은 치료를 했는데,
왜 거기서는 좋아지지 않고 여기서는 좋아 졌을까
요?"

김 교수는 그에게 이렇게 대답했습니다.

"여기서는 기도의 마이신을 더 썼기 때문이지. 그것도
용량의 두 배나 강하게 썼거든."

그는 이어서 말했습니다.

prayerman

"우리가 다른 사람을 위해 일할 때는 우리가 일하는 것이지만, 다른 사람을 위해 기도할 때는 하나님께서 일하시는 거라네."

열왕기하 19장을 보면 유다왕 히스기야는 앗수르왕 산헤립이 18만 5천명의 대군을 이끌고 침략하자 사면초가의 위기에 처하게 되었습니다. 그 위기에서 그는 기도합니다.

"우리 하나님 여호와여 원하건대 이제 우리를 그의 손에서 구원하옵소서 그리하시면 천하 만민이 주 여호와가 홀로 하나님이신 줄 알리이다" (왕하 19:19)

그 위기에서 그가 한 일이라곤 기도뿐이었습니다 그러나 히스기야의 이 기도로 앗수르 병사 18만 5천명이 하루아침에 송장이 되어버립니다. 그가 한 일이라곤 기

도뿐이었습니다.

"이 밤에 여호와의 사자가 나와서 앗수르 전영에서 군사 십팔만 오천 명을 친지라 아침에 일찍이 일어나 보니 다 송장이 되었더라" (왕하 19:35)

기도하면 하나님이 싸우시고 하나님이 일하십니다.

기도하면 손 하나 까닥하지 않고 우리는 부전승을 올릴 수 있습니다.

오직 기도가 일합니다. 기도가 일입니다

위기에서 기도밖에 할 게 없다고 한탄 하지 마십시오. 기도는 가장 위대하고 큰일을 할 것입니다. 기도하면 싸우지 않고 이깁니다. 기도하면 부전승을 거둡니다. 기도가 일합니다. 바로 기도가 일이고 사역입니다.

08

기도하면 성령이 임재합니다

prayerman

평양 남문 교회에 어떤 목사가 시무하고 있었습니다. 이 목사는 많이 배우지 못했으므로 유식한 설교를 하지 못했습니다. 그런데도 이상하게 교회는 날로 부흥해 갔습니다.

그러던 어느 날, 옆 마을에 미국에서 공부하고 온 목사가 새로 부임해 왔습니다. 이 목사는 학식도 많고 설교도 잘 하고 모든 면에서 뛰어났습니다. 사람들은 분명 무식한 목사보다는 유식한 목사의 교회가 더 빨리 부흥할 것이라고 생각했습니다. 그러나 이상하게도 새로 온 목사의 교회는 부흥되지 않았습니다. 훌륭한 말씀이 있었지만, 왠지 교회는 썰렁하기만 했습니다. 새로 온 목사는 도무지 영문을 알 수 없었습니다.

그래서 고민 끝에 남문 교회 목사를 찾아가 부흥의 비결을 물었습니다. 그러자 그 무식한 목사는 겸허하게 대답했습니다.

"예. 저는 유식한 설교는 못하나 오직 대부분의 시간

을 강단에서나 지하실에 엎드려 기도하고 있습니다. 갈급한 마음으로 기도하다 보면, 어느새 성령의 충만함이 임하여 능력 있는 목회를 할 수 있게 됩니다."

이 말을 들은 유식한 목사는 지금껏 자기의 학식만 믿고 기도에 힘쓰지 않았던 것을 깨달았습니다. 그 후 그는 시간이 나는 대로 강단이나 지하실이나 그 어디서나 엎드려 하나님께 기도했습니다. 얼마 후 그 목사님의 교회에도 부흥이 일어나기 시작했습니다.

기도하면 성령이 임합니다. 능력이 임합니다.

"빌기를 다하매 모인 곳이 진동하더니 무리가 다 성령이 충만하여 담대히 하나님의 말씀을 전하니라" (행 4:31)

"솔로몬이 기도를 마치매 불이 하늘에서부터 내려와서 그 번제물과 제물들을 사르고 여호와의 영광이 그 전에 가득하니"

(대하 7:1)

기도를 마치면 성령이 임합니다.

기도하면 성령의 불이 임합니다. 능력이 임합니다.

왜 우리가 능력이 없습니까? 기도하지 않기 때문입니다 다른 이유가 없습니다.

누가복음을 보십시오. 예수님께서도 세례를 받으시고 기도하실 때에 성령이 임하셨습니다.

"백성이 다 세례를 받을 쌔 예수도 세례를 받으시고 기도하실 때에 하늘이 열리며 성령이 비둘기 같이 그 위에 강림하시더니" (눅 3:21-22)

주님은 말씀하십니다.

"너희가 악한 자라도 좋은 것으로 자식에게 줄줄 알거든 하물며 하늘에 계신 너희 아버지께서 구하는 자에게 좋은 것으로 주

시지 않겠느냐" (마 7:11)

  그런데 이 마태복음 말씀을 누가복음에서는 이렇게
말씀하십니다.

  "너희 중에 어비된 자 누가 아들이 생선을 달라 하면 생선 대
신에 뱀을 주며 알을 달라 하면 전갈을 주겠느냐 너희가 악할찌
라도 좋은 것을 자식에게 줄줄 알거든 하물며 너희 천부께서 구
하는 자에게 성령을 주시지 않겠느냐 하시니라" (눅 11:11-13)

  결국 같은 맥락인 두 말씀을 종합하여 결론을 내리면
우리가 하나님께 구할 때 받는 가장 좋은 것은 '성령'이
라는 것을 알 수 있습니다.
  기도하는 자가 받아야 하는 가장 좋은 것은 바로 다름
아닌 성령입니다.
  우리가 기도할 때 받아야 하는 가장 본질적이며 가장

prayerman

좋은 것은 바로 성령입니다.

그래서 예수님께서도 제자들에게 그 무엇보다 성령을 구하라고 하신 것입니다. 성령이야말로 이 시대의 모든 문제를 해결할 수 있는 마스터키라는 사실을 알려주신 것입니다. 또한 간절하게 기도하는 자에게 하나님이 주실 수 있는 가장 큰 선물이 바로 성령임을 뜻하는 것이기도 합니다.

"성령은 모든 것 곧 하나님의 깊은 것까지 통달하시느니라" (고전 2:10)

성령을 받아야 합니다. 성령은 가장 좋은 것이기 때문입니다. 가장 큰 선물이기 때문입니다.

'모두 다 기도하다가 성령받았습니다' 라는 글을 소개합니다.

"성령 받은 분들은 다 공통점이 있습니다. 누구를 붙잡고 물어봐도 먹고 놀다가, 여행하다가, 싸우다가, 회의하다가, 잠자다가 성령을 받았다는 말은 아직까지 들어보지 못했습니다. 모두 다 기도하다가 성령 받았습니다."

부르짖는 자에게 성령을 주시는 것입니다. 어떤 분은 눈보라치고 북풍한설이 몰아치며 입이 얼어오고 몸이 얼어오는 그 속에서도 간절하게 부르짖음으로 성령을 받고, 어떤 분은 금식하고 기도하면서 성령을 받은 사람도 있습니다. 어떤 분은 밤을 새워서 기도하다가 성령을 받은 사람도 있습니다.

14C에 위클리프를 비롯해서, 후스, 존 칼빈, 찰스 피니, 리빙스톤, D. L 무디 같은 사람들입니다. 이런 분들이 다 기도하다가 성령 받고 하나님께 크게 쓰임 받았습니다.

성령강림의 비결, 그것은 기도입니다.

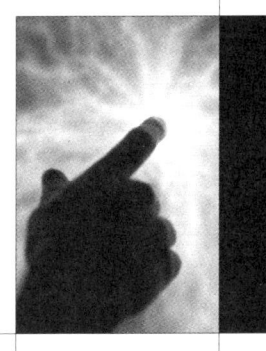

09

기도의 근간 '하나님 신뢰하기'

prayerman

하나님은 가장 좋은 것을 우리에게 주십니다.

"너희가 악한 자라도 좋은 것으로 자식에게 줄줄 알거든 하물며 하늘에 계신 너희 아버지께서 구하는 자에게 좋은 것으로 주시지 않겠느냐" (마 7:11)

구하는 자에게 하나님은 가장 좋은 것을 주십니다. 이것이 기도를 푸는 가장 중요한 열쇠입니다.
흔히 기도의 응답을 세 가지로 말합니다.
Yes, No, Wait입니다.

하나님께서 우리의 간구대로 응답하여 주시는 것, Yes.
하나님께서 우리의 간구대로가 아닌 전혀 다른 방법으로 응답을 주시는 것, No.
하나님께서 우리의 간구에 응답을 오래 기다리며 인

내하게 하시는 것, Wait.

이 모든 것이 가장 좋은 것을 주신 것이고 주시려는 것임을 우리는 의심해서 안 됩니다.

"이는 저가 우리의 체질을 아시며 우리가 진토임을 기억하심이로다" (시 103:14)

하나님은 나에게 가장 좋은 것을 주신다는 이 사실을 의심해서 안 됩니다. 하나님 신뢰는 기도의 근간입니다.
하나님은 우리의 체질을 아십니다. 하나님께서 우리의 체질을 아신다는 것은 기도의 응답을 주실 때에 우리 체질에 가장 유익한 최선의 것을, 최상의 것을 주신다는 것입니다.

저는 개인적으로 매우 중요한 문제로 하나님께 간절

히 많은 시간동안 기도한 제목이 있었습니다. 그러나 기도의 응답은 제가 기도한대로가 아닌 정반대로 이루어진 경우가 있었습니다. 물론 그때는 낙심과 실망이 되기도 하였습니다.

그러나 시간이 지나서 내 인생을 반추하여 보았을 때 하나님은 저에게 꼭 필요한 응답을 주셨던 것을 깨닫게 되었습니다. 제가 기도한대로가 아닌 정반대로 이루어져 그때는 낙심과 실망이 되기도 하였던 일들이 시간이 지나서 내 인생을 반추하여 보았을 때, 그렇게 제가 기도한대로가 아닌 정반대로 응답이 되지 않았더라면 오히려 나의 삶에 정말 큰 해악이 되었을 것들이었습니다. 하나님은 진정으로 선하셨습니다.

절실히 생각해보며 좋으신 하나님의 신실하심에 찬양과 영광을 돌리지 않을 수 없었습니다. 하나님께서는 기도자에게 가장 좋은 것을 주십니다. 이것이 기도를 푸는

가장 중요한 열쇠입니다. 그것이 정반대의 기도응답이
든 기다리게 하시는 기도응답이든 하나님께서는 기도자
에게 가장 좋은 것을 주십니다.

하나님께서 여러분의 기도에 기다리게 하십니까?

최고 관리자이신 하나님은 여러분의 기도에 최선의,
최상의 응답의 시기를 아십니다.

'하나님은 하나님의 시간에 오신다' 는 이 명제에 우리
는 동의해야 합니다.

그 분은 그 분의 시간에 오십니다.

한 치의 오차도 없이 최상의, 최선의 시기에 우리의
기도에 응답하십니다.

기도응답이 늦어져 힘들고 애탈지라도 하나님은 우리
를 위한 최상의 시간에 오신다는 사실을 기억해야 합니
다.

기도응답은 바로 우리가 그 응답을 받을만한 최상의,

prayerman

최선의 시기에 옵니다.

기도응답의 지연으로 우리를 성숙케 하시고 변화케 하시고 하나님의 뜻을 분별케 하십니다. 기도응답의 지연은 오히려 우리에게 축복임을 기억해야 합니다. 기도응답의 지연은 축복입니다.

만약 여러분의 어린 자녀가 칼을 달라고 하면, 아무리 자녀를 사랑한다고 해도 칼을 줄 수는 없습니다. 분별력 없는 아이가 칼로 큰 상처를 입을 수 있기 때문입니다.

칼을 받아도 아무 위험 없이, 어려움이 없이 칼을 유익하게 사용할 수 있는 성숙한 때에 칼을 줄 수 있을 것입니다.

기도의 응답도 동일합니다. 지금 기도제목에 응답을 받으면 오히려 우리에게 해악이 될 수 있습니다. 우리 인생의 최고관리자이신 하나님은 그것을 정확히 아십니

prayerman

다.

기도응답의 지연은 우리가 그 응답을 받을 동안 우리를 성숙케 하시고 하나님의 뜻을 분별케 하는 귀한 축복의 시간입니다.

'하나님은 하나님의 시간에 오신다' 는 이 명제에 우리는 동의해야 합니다.

그 분은 그 분의 시간에 오십니다.

한치의 오차도 없이 최상의, 최선의 시기에 우리의 기도에 응답하십니다.

기도는 좋으신 하나님을 맛보는 장소입니다.

"너희는 여호와의 선하심을 맛보아 알찌어다 그에게 피하는 자는 복이 있도다" (시 34:8)

"너희가 악한 자라도 좋은 것으로 자식에게 줄줄 알거든 하물며 하늘에 계신 너희 아버지께서 구하는 자에게 좋은 것으로 주시지 않겠느냐" (마 7:11)

"이는 저가 우리의 체질을 아시며 우리가 진토임을 기억하심이로다" (시 103:14)

우리는 우리 스스로 우리의 체질을 잘 아는 것 같지만 그렇지 않습니다. 우리의 앞길에 있어서 우리의 미래에 있어서 무엇이 나에게 좋을지 잘 아는 것 같지만 그러나 그렇지 않습니다. 우리는 나무만 볼 수밖에 없지만 하나님은 전체 숲을 보십니다.

오직 인생의 최고관리자(supervisor)이신 하나님만이 우리에게 가장 좋은 것을 주실 수 있는 분입니다.

우리의 체질을 정확히 아시는 하나님께서 비록 내가

원하는 대로가 아니더라도 나를 늘 선한 길로, 최선의 길로, 가장 좋은 길로 인도하실 것을 의심치 않습니다.

유명한 하나님의 사람 죤 뉴톤(John Newton)은 이런 질문을 했습니다.

"하나님께서 여러분에게 단 하나만 선택할 수 있는 권한을 주신다면 여러분은 이 단 하나의 기회로 무엇을 선택하시겠습니까?"

그리고는 스스로 "만약 하나님께서 나에게 단 하나의 선택의 권한을 주신다면, 하나님께서 나를 위해 그것을 선택해 주실 것을 요구할 것입니다. 왜냐하면 참으로 내가 무엇이 필요한 가를 아시는 분은 하나님이시므로 내가 나를 아는 것 이상으로 내 미래를 아시고, 내가 내 미래를 완벽하게 계획하는 것 이상으로 내 미래를 완벽하게 계획하며 섭리하시는 분은 한 분 뿐이심을 알기에, 그 단 하나의 선택을 하나님께 맡기어 하나님의 뜻이 내

생을 통하여 이루어지기를 기도하겠습니다." 라고 대답
했습니다.

　기도는 우리가 원하는 것은 무엇이든 하나님께서 하
시도록 만드는 방법이 아닙니다. 기도는 하나님의 능력,
지혜 그리고 은혜에 대한 우리의 신뢰를 표현하는 것입
니다.

　우리가 하나님께 무엇을 간구하든지, "그러나 나의 원
대로 마옵시고 아버지의 원대로 하옵소서"(마 26:39)라
고 하신 겟세마네의 예수님의 자세로 해야 할 것입니다.

　하나님은 구하는 자에게 좋은 것을 주십니다. 비록 나
의 기도가 정반대로 응답이 되더라도 혹시 하나님께서
기다리게 하신다 할지라도 하나님께서는 우리에게 가장
좋은 것을 주십니다. 이것을 의심해서는 안 됩니다.

　하나님 신뢰는 기도의 근간입니다.

지미 카터는 말합니다.

"하나님이 기도에 응답하지 않는다고 느껴질 때조차도, 우리가 기도하는 동안 우리는 하나님의 자비, 용서, 그리고 사랑에 깊이 잠겨 있다."

"여호와의 말씀에 내 생각은 너희 생각과 다르며 내 길은 너희 길과 달라서 하늘이 땅보다 높음 같이 내 길은 너희 길보다 높으며 내 생각은 너희 생각보다 높으니라" (사 55:8-9)

10

강력 기도

prayerman

말씀과 기도는 불가분리의 관계에 있습니다.

"너희가 내 안에 거하고 내 말이 너희 안에 거하면 무엇이든지 원하는 대로 구하라 그리하면 이루리라"(요 15:7)

우리가 주님 안에 거하고 주님의 말씀이 우리 안에 거하면 무엇이든지 구하는 대로 응답받으리라고 주님은 약속하십니다.

주님 안에 거한다는 뜻은 무엇입니까? 주님 안에 거한다는 것은 바로 주님의 말씀 안에 거한다는 의미입니다. 주님의 말씀 안에 거하는 자는 바로 실존적으로 주님 안에 거하는 자입니다.

주님의 말씀이 우리 안에 거하면 무엇이든지 구하는 대로 응답받는 놀라운 역사가 있습니다. 바로 주님의 말씀이 우리 안에 거할 때 입니다.

5만 번 기도응답을 받은 기도의 사람 조지 뮬러도 하나님의 일을 위해서 무엇이 필요하게 되면 기도를 바로 시작하지 않았다고 합니다. 그는 자기가 올릴 기도의 내용이 성경의 어디에 약속되어 있는가를 꼭 찾은 다음에 기도를 했다고 합니다.

그래서 어떤 때는 기도를 하기 전에 며칠 동안 성경을 찾을 때도 있었다고 합니다.

말씀은 하나님의 영원하신 약속입니다.
자신을 부인하시지 못하시는 하나님의 성실하고 영원한 약속이 바로 말씀입니다.

"하나님은 인생이 아니시니 식언치 않으시고 인자가 아니시니 후회가 없으시도다 어찌 그 말씀하신 바를 행치 않으시며 하신 말씀을 실행치 않으시랴" (민 23:19)

"풀은 마르고 꽃은 떨어지되 오직 주의 말씀은 세세토록 있도다" (벧전 1:24)

변치 않고 영원한 말씀을 붙잡은 기도는 가장 강력한 기도입니다.

그래서 윌리엄 거널은 다음과 같이 역설합니다.

"약속의 말씀에 따라 당신의 기도의 응답을 강력히 요청하는 변론을 하나님께 드려라. 약속은 신앙의 근거로서 신앙이 강해지면, 열심도 더해지고 이러한 열심은 즉각 기도로 이어지고 그 기도는 항상 승리로 보상받을 것이다. 말씀으로 무장하여 강해지면 강해질수록 기도의 역사도 더욱 강해지는 것이다."

그래서 주님께서도 "내 말이 너희 안에 거하면 무엇이든지 원하는 대로 구하라 그리하면 이루리라"(요15:7)라고 말씀하신 것입니다.

　기도할 때에 주님의 말씀이 여러분 안에 거하도록 하십시오. 윌리엄 거널의 말처럼 말씀으로 무장하면 무장할수록 기도의 역사도 더욱 강해지는 것을 체험할 것입니다.

　칼빈은 "내가 말씀 위에 서 있을 때 나는 기도할 수 있는 용기를 가진다" 라고 고백합니다.

　『너무 바빠서 기도합니다』라는 책에서 빌 하이벨스도 이렇게 역설합니다.

　"성경은 기도의 근거가 됩니다. 밑받침이 됩니다. 기도하기 전 '하나님이 이런 것까지…', '하나님이 이 정도를…' 이라고 한정하고 규정하는 때가 많습니다. 성경에 나타난 하나님의 역사를 믿고 기도하십시오."

　미국에서 100만부 이상이 팔린『지경을 넓히는 기도』

prayerman

(도서출판 크레도)라는 책에서 제르마인 코프랜드도 동일하게 이렇게 말씀을 붙잡고 기도할 것을 촉구합니다.

 "하나님의 말씀이 우리를 하나님과 만나게 합니다. 우리는 하나님의 말씀을 기억하고(사 43:26) 우리 주 예수 그리스도의 이름으로 그 분의 능력 안에서 하나님께 담대히 요구합니다. 그리스도 예수로 인해 그 분의 풍성함을 따라 우리들의 필요한 것을 채워달라고 요구합니다.
 말씀은 헛되이 – 아무 결과 없이 – 그분께 돌아가지 않습니다. 오직 하나님께서 기뻐하시는 대로 그 목적을 성취하고 그 분의 행하시는 일에 풍성한 결과를 가져올 것입니다.
 주의 말씀이 입술에 가득하게 기도함으로써 주의 보좌에 올바르게 나아가십시오."

 "내입에서 나가는 말도 헛되이 내게도 돌아오지 아니하고 나

의 뜻을 이루며 나의 명하여 보낸 일에 형통하리라" (사 55:11)

변치 않고 영원한 말씀을 붙잡은 기도는 가장 강력한 기도입니다.

영원하고 신실하신 하나님 말씀을 붙잡고 기도의 능력의 줄로 하나님 보좌를 흔드십시오.